ÉGLISE DE ROZIÈRES

(HAUTE-MARNE)

DÉCORATIONS MURALES

EXÉCUTÉES EN 1875-1876

Par M. l'abbé RAULET

LANGRES

IMPRIMERIE ET LIBRAIRIE FIRMIN DANGIEN

3, rue de l'Homme-Sauvage, 3

1876

ÉGLISE DE ROZIÈRES

(HAUTE-MARNE)

DÉCORATIONS MURALES

exécutées en 1875-1876 (*)

PAR M. L'ABBÉ RAULET

L'Eglise de Rozières, annexée avant la révolution à la paroisse St-Pierre de Sommevoire, se compose d'un sanctuaire à cinq pans construit au XVIe siècle, additionné depuis d'un parallélogramme qui forme la nef. Celle-ci est recouverte d'une voûte en bois à courbe irrégulière et ornée de losanges. Cette voûte, ainsi que les vitraux qui décorent toute l'église, est dûe

---

(*) Le programme du travail dont nous allons donner la description était celui que tout peintre sérieux doit s'imposer en pénétrant dans une église de campagne, à savoir : en faire ressortir ou en décorer l'architecture par un système ornementatif simple, solide, économique et aussi instructif que possible pour les fidèles. — Avis donc à qui rêverait ici autre chose.

au dévouement du pieux et regretté M. l'abbé Lebland, ancien curé de la paroisse, mort en 1865. Cet édifice, peu éclairé surtout depuis la pose de ses verrières, devait naturellement être décoré dans un ton très-clair. C'est à quoi l'artiste s'est attaché : les voûtes ont été couchées d'un ton blanc, les murs d'un ton de pierre très-clair et les soubassements sont ornés de tentures roses des plus simples. Voilà pour l'ensemble. Quant aux compositions historiques, en voici le plan général.

Sous le portique du monument, une inscription tirée des paroles de l'office de la Dédicace — « *Hic Domus Dei est et porta cœli* » Gén. 28, 17 — invite dès l'abord le fidèle au recueillement et au respect, et lui rappelle qu'il entre dans la maison de Dieu, maison de prière d'où toute pensée profane doit être bannie. C'est l'avertissement que donnent plus clairement encore deux anges élégamment jetés en avant du chœur, chantant le *Sanctus*, et cinq Séraphins qui décorent la voûte du sanctuaire. Moïse aussi, sur l'ordre du Seigneur, avait orné jadis l'arche d'alliance de deux Séraphins, qui la couvraient de leurs ailes. Chrétiens, qui avancez plus loin, semblent-ils vous dire, sanctifiez au moins vos cœurs par de saintes pensées, car le Seigneur est proche.

A droite et à gauche, sous la voussure qui donne accès dans la nef, vous lisez, échelonnés dans les feuillages d'un rinceau, 17 noms de l'Ancien Testament. Ces inscriptions, qu'on lit avant de pénétrer dans l'église proprement dite, ont été disposées en cet endroit pour rappeler brièvement la loi ancienne, préparation, symbole, portique en quelque sorte de la loi nouvelle. Ainsi, d'une part avec Abraham, Jacob, Jessé, David, Salomon, Roboam, Ezéchias, ancêtres du Christ comme roi ; de l'autre avec Adam, Abel, Noé, Melchisedech, Aaron, Joiada, Eléazar, grands prêtres de l'Ancien Testament, nous sommes rapidement amenés au Roi et Prêtre par excellence Jésus-Christ, dont l'œuvre divine va se dérouler à grands traits sous nos yeux.

Abordons maintenant la partie principale des décorations ; cinq grandes fresques en font les frais.

Le sujet que traitent ces cinq tableaux est un exposé succinct du christianisme. L'artiste le considère dans le passé, le présent et le futur. — Il nous le montre d'abord établi par Jésus-Christ son divin fondateur, puis vivant de sa vie surnaturelle à travers les siècles, conduit par les successeurs de St Pierre préposés à la la garde de ses enseignements, enfin triomphant au ciel dans ses membres autour du trône de gloire de Jésus-Christ, dont la possession éternelle fera le triomphe comme le bonheur des élus.

Dans le sanctuaire, trois scènes nous remettent devant les yeux la fondation du christianisme ; ce sont trois faits principaux de la vie du Sauveur — sa naissance, sa mort, son Ascension — entre lesquels se sont déroulés tous ses enseignements.

A gauche de l'autel d'abord, nous trouvons la naissance de l'Homme-Dieu. La Sainte-Vierge au centre tient sur ses genoux le divin enfant, et le présente aux adorations d'un berger et d'un roi mage. Celui-ci, confessant la royauté divine de l'enfant Jésus, lui offre sa couronne et des présents précieux. Le berger ne lui offre que l'humilité et la générosité de son cœur : mais la sincérité de ces sentiments suffit à Jésus-Christ; un ange adorateur présente sur une banderolle le texte de la prophétie de Jacob et celle d'Isaïe : « *Non egredietur sceptrum de Judâ, donec veniat qui mittendus est. — Ecce Virgo concipiet et pariet filium...* — Le sceptre ne sortira point de Juda jusqu'à ce que vienne celui qui doit venir. — Voilà qu'une Vierge concevra et enfantera un fils qu'on appellera Emmanuel. » Près de la Ste Vierge, au second plan, se tient St Joseph tout pénétré des mystères ineffables de l'enfance du Sauveur, dont il est constitué le gardien. Enfin au-dessus apparaît l'ange du *Gloria in excelsis.*

La seconde scène qui est celle de la Rédemption, par la mort de Jésus-Christ sur le Calvaire, c'est l'autel qui nous l'exprime : Quel tableau plus expressif que l'autel où chaque jour s'opère le sacrifice commémoratif de la mort du Sauveur ? *Quotiescumque enim manducabitis panem hunc et calicem bibetis mortem Domini annuntiabitis.* Cor. XI, 11. C'est pour aider à l'intelligence de ce symbole que le peintre a tracé sur chaque colonne du sanctuaire les instruments de la Passion : les fouets, le roseau, la couronne d'épines, les clous, les tenailles et le marteau.

— Vient ensuite, à droite de l'autel, l'Ascension, scène de triomphe pour Jésus-Christ. *Oportuit Christum pati, et ita intrare in gloriam suam* ; il a fallu, dit l'apôtre, que le Christ souffrît, afin d'entrer dans sa gloire. Jésus Christ revêtu, comme au jour de sa Transfiguration, qui en était le prélude, d'un vêtement blanc de neige, s'élève dans les cieux au sein d'une auréole de gloire, jette un regard d'adieu sur sa Mère, et console ses apôtres et ses disciples par ces paroles que nous lisons dans l'office de l'Ascension : *Vado parare vobis locum. — Nolite contristari ; nec turbetur cor vestrum. — Vado ad patrem — Ego rogabo Patrem ; et alium Paracletum dabit vobis, ut maneat vobiscum in æternum.* Je vais vous préparer une place.—Ne vous attristez pas, ne vous troublez pas. Je vais à mon Père, et je le prierai de vous envoyer l'Esprit de vérité, afin qu'il demeure avec vous dans les siècles des siècles.

Voilà le Christianisme dans sa fondation ou ses commencements divins. Voyons le maintenant dans sa seconde phase. Jésus-Christ était remonté au ciel ; mais son œuvre devait se répandre à travers les siècles pour éclairer toute créature selon les paroles du prophète : *Illuminare his qui in tenebris et inlumbrâ mortis sedent.* Qui donc, après le départ du maître, portera le flambeau divin, qui doit diriger les âmes à travers les erreurs d'ici bas jusqu'à la vie téernelle? C'est l'Eglise, dans la personne de St Pierre et de ses successeurs les souverains pontifes, que Jésus Christ a chargés de nous transmettre intacte sa doctrine. Et c'est Pie IX qui aujourd'hui tient vaillamment ce flambeau évangélique et préserve ainsi le monde moderne des écueils de l'impiété qui l'entourent. Tu es Pierre, a dit Jésus-Christ à Simon, et c'est sur cette pierre, c'est-à-dire, sur ton autorité, que je vais bâtir mon Eglise.. A toi de garder mon troupeau ; à toi je confie les portes du royaume des cieux ; à toi de les ouvrir et de les fermer : « *Tu es Petrus et super hanc petram ædificabo ecclesiam meam... Pasce oves, pasce agnos meos... Et tibi dabo claves regni cœlorum; et tu aliquandò conversus confirma fratres tuos.* » Et, appuyée sur ces paroles, revêtue de ces pouvoirs divins, l'Eglise marche et répand partout depuis 18 siècles la lumière et la vie.

Telle est aussi la scène qui, dans la nef, domine la chaire de vérité. Jésus-Christ est au centre, ayant à ses pieds un agneau, symbole de son titre de pasteur des pasteurs. D'une main, il commande à ses apôtres d'aller prêcher l'Evangile dans tout l'univers : *Ite, docete omnes gentes ; baptisantes eos in nomine Patris et Filii et Spiritus Sancti.* De l'autre il tient les clefs du ciel et présente à St Pierre à genoux à ses pied, une banderolle sur laquelle on lit les paroles citées plus haut. En même temps,

St Pierre et les autres apôtres reçoivent avec un religieux respect les pouvoirs divins qui leur sont confiés.

Voyez, fidèles, au nom de qui le prêtre vous parle aujourd'hui. Il est l'envoyé de Pie IX successeur de Pierre, et, comme lui, vicaire de Jésus-Christ. Ecoutez-le donc en toute confiance ; il a les paroles de la vie éternelle ; ses paroles sont celles du Sauveur lui-même, qui l'appuie maintenant de sa présence comme de son autorité.

Vient ensuite, correspondant à l'institution de l'Eglise, l'institution de la Très-Sainte Eucharistie. — Jésus-Christ est là devant la table de la Cène, au milieu de ses disciples. Debout, (quoique cette pose ne soit pas conforme au texte de l'Evangile, je la pardonne volontiers au peintre pour la dignité, la grandeur, la majesté qu'elle donne au Sauveur dans ce moment solennel), — debout donc, Jésus-Christ prononce les paroles consécratoires. Malgré ses promesses réitérées de leur donner sa chair à manger et son sang à boire, les apôtres semblent encore animés de mille sentiments divers et comme stupéfaits en entendant le mystérieux « *hoc est corpus meum.* » Judas est là aussi, au premier plan, la tête baissée ; il tourne le dos au spectateur et médite sans doute son infâme trahison.

N'était-il pas dans l'ordre des choses, qu'après nous avoir montré la vie extérieure de l'Eglise par sa constitution hiérarchique, l'artiste nous offrît sa vie intérieure ? Ce sacrement par excellence, est bien en effet la source mystique, par laquelle Jésus-Christ communique aux membres de son Eglise cette force surnaturelle, qui les rend si courageux dans la pratique de sa doctrine. Personne du reste n'ignore que dans la sainte Eucharistie les martyrs ont puisé leur courage, les apôtres leur zèle, les saints leur énergie pour la vertu.

Venons donc nous aussi, comme nous y invitent les paroles que nous lisons au bas du tableau : *Iste est panis quem dedit vobis Dominus ad vescendum*, participer à ce pain céleste que le Seigneur nous offre à manger. Venons puiser dans cette nourriture spirituelle des forces pour dompter nos passions, et pratiquer la vertu. Fortifiés comme Elie par cet aliment surnaturel, dirigés par l'Eglise gardienne de la foi et de la morale chrétiennes, nous avancerons à grands pas jusqu'à la vie éternelle : *Et ambulavit in fortitudine cibi illius usque ad montem Dei.*

Aussi, depuis 18 siècles, avec l'appui de ces forces divines, les enseignements de Jésus-Christ vont se répandant dans le monde, portant la lumière, la vie, la paix, la civilisation partout où régnaient les ténèbres, la mort, la tyrannie et l'esclavage; et ils iront toujours, malgré la puissance et les efforts de l'enfer, poursuivant leur mission salutaire. — *Omni creaturæ.* — *Et portæ inferi non prævalebunt adversus eam.*

Mais arrêtons-nous un moment. Il eut

manqué, ce semble, quelque chose au développement du plan général, si, malgré le défaut d'espace, le peintre n'eût pas donné aux fidèles un exposé de la foi et de la morale chrétienne, dont les faits qu'il vient de développer ne sont que la base. Aussi y a-t-il pensé Dans l'embrasure des fenêtres du sanctuaire, il a élégamment inscrit le symbole des apôtres, résumé des vérités que l'Eglise nous propose à croire. et au-dessus de chacune d'elles le nom des trois vertus théologales. Dans les quatre fenêtres de la nef. sont les dix commandements de Dieu, résumé de toute la morale chrétienne, avec les noms des quatre vertus cardinales qui aident le chrétien à les observer. Il y a longtemps, du reste, que le moyen-âge nous a appris à faire pénétrer la lumière morale dans le cœur, par l'entremise de la lumière physique, qui en est le symbole.

Arrivons enfin à la conclusion de notre poëme.

La foi nous enseigne qu'après cette vie, tous les fidèles observateurs de la doctrine de Jésus-Christ, mourant dans sa grâce, recevront une récompense éternelle : « *Mercedem laboris ego reddam vobis.* « *Venite, benedicti patris mei, percepite regnum...* » A la suite de Jésus-Christ, ils monteront au ciel, pour prendre possession d'un bonheur sans fin, exempts pour toujours de toute souffrance, de toute inquiétude, de toute tristesse, de toute adversité : *Ampliùs non erit neque luctus, neque clamor, sed nec ullus dolor, quoniam priora abierunt.* Et là, pour l'éternité ils chanteront la gloire du Dieu qu'ils ont aimé et servi, en le contemplant face à face, *facie ad faciem.*

Ce bonheur ineffable qui a soutenu les saints ici-bas dans leurs épreuves, l'artiste avant de finir nous le propose à tous comme encouragement, en nous montrant nos modèles et nos protecteurs qui y sont déjà parvenus. Nous venons de voir d'une part les fondements divins de la religion chrétienne, les vérités qu'elle présente à notre adhésion et les devoirs qu'elle nous impose. Voyons d'autre part la récompense qu'elle nous promet : un bonheur infini, un bonheur éternel, la possession de Jésus-Christ, en compagnie des anges et des saints.

Dans la zone supérieure du tableau, Jésus-Christ est royalement assis sur un trône au pied duquel on lit ces paroles : *Ego sum via, veritas et vita;* Je suis la voie, la vérité et la vie. À ses côtés sont les deux signes caractéristiques de la divinité, l'alpha et l'omega, lettres extrêmes de l'aphabet grec, qui signifient le commencement et la fin. Et n'était ce pas bien le cas ici ? *In principio erat Verbum,* avait dit saint Jean, au commencement était le Verbe: *Omnia per ipsum facta sunt,* Toutes les créatures sont les œuvres de sa main; mais toutes aussi trouveront leur fin en lui, car la possession de Jésus-Christ dans le ciel fera le bonheur essentiel des saints : *Satiabor cum apparuerit gloria tua.* Par côté, apparaissent au nom de tous les apôtres, saint Pierre et saint Paul. — Cette partie du sujet repose sur une longue banderolle sur laquelle on lit ces paroles : *Si vis ad vitam ingredi, serva mandata : Hœc est autem vita œterna ut cognoscant te solum Deum vivum et verum et quem misisti Jesum Christum.* — Si vous voulez entrer en la vie éternelle, en voici le chemin : connaître Dieu, son fils Jésus-Christ et observer sa loi.

Dans la zone inférieure, le peintre voulant représenter la multitude des saints qui entourent le trône de Jésus-Christ dans le ciel, en même temps qu'exhorter les fidèles à les suivre, a choisi ceux qui comme eux ont vécu dans les conditions les plus humbles et qu'ils ont adoptés pour leurs protecteurs.

D'une part ce sont : 1º St Mammés, patron du diocèse, jeune martyr exposé pour sa foi à la dent d'un lion, respecté par celui-ci qui vient lui lécher les pieds, puis percé d'une lance par ses bourreaux; 2º St Joseph, époux de la Ste Vierge, patron des ouvriers en bois; il tient à la main un instrument de travail et de l'autre le bâton fleuri, symbole de ses vertus. 3º St Nicolas, évêque de Myre, que les chrétiens ont toujours invoqué contre les fléaux ; et que la jeunesse, en souvenir des trois enfants traditionnels qu'il ressuscita, a toujours honoré comme patron. 4º St Isidore de Madrid, patron et modèle du laboureur. 5º St Eloi, d'abord orfèvre, puis évêque de Noyon, patron des ouvriers en fer.

D'autre part 1º Ste Barbe, patronne de

la paroisse, jeune vierge martyre qui, pour la pratique de cette maxime évangélique : « Celui qui aime son père plus que moi n'est pas digne de moi, » ne craignit pas, au prix de sa vie, de braver les volontés impies de son père. 2° Ste Catherine, vierge martyre d'Alexandrie, patronne des jeunes personnes auxquelles elle enseigne si hautement le prix de la vertu. 3° Ste Anne, mère de la sainte vierge patronne et modèle des mères de famille. 4° Ste Geneviève, patronne de Paris, patronne des bergers. Enfin, 5° Ste Zite, qui chercha et trouva la perfection dans la plus humble des conditions, patronne des pauvres.

Ces deux séries de saints, debout, symétriquement échelonnés de chaque côté de l'entrée de l'église, reposent également sur des banderoles ornées de textes sacrés correspondant à celui du haut : *Hic vir, despiciens mundum, et terrena triumphans, divitias cœlo condidit ore manu*; et : *regnum mundi et omnem ornatum seculi contempsi propter amorem Domini mei Jesu Christi.*

Vous avez vu la voie qui conduit au bonheur éternel, chrétiens, voici des héros, de saints protecteurs qui ont suivi cette voie et qui seront vos guides et vos soutiens pendant la route. Comme eux, le mépris du monde et des choses terrestres et frivoles et l'amour de Jésus-Christ vous conduiront au port. Courage donc, pourquoi craindriez-vous, pourquoi ne pourriez vous pas ce que d'autres ont pu. Seriez-vous d'une autre nature qu'eux. « *Cur non potestis quod isti et istæ?* »

Tel est l'ensemble des décorations qui rendent aujourd'hui si vivante l'église de Rozières. Enseignement clair et complet de notre foi, comme nous avons pu en juger; éloquente prédication, grand livre perpétuellement ouvert pour l'instruction des fidèles.

Puisse ce travail, dû à la générosité si connue de la famille de Joybert et à l'humble pinceau d'un artiste qui ne cherche que la gloire de Dieu et le salut des âmes, réveiller la foi des fidèles, fortifier leur espérance, en un mot les encourager dans la voie du bien.

X...

Langres, imp. Firmin DANGIEN.

45

www.ingramcontent.com/pod-product-compliance
Lightning Source LLC
Chambersburg PA
CBHW060454050426
42451CB00014B/3320